1914 Mai 8

VENTE

Du Vendredi 8 Mai 1914

HOTEL DROUOT, SALLE N° 10

A 2 HEURES

ESTAMPES

MODERNES

PARIS, MAI 1914

CATALOGUE

DES

ESTAMPES

MODERNES

DONT LA VENTE AURA LIEU A PARIS

HOTEL DROUOT, SALLE N° 10

LE VENDREDI 8 MAI 1914

A 2 heures précises

COMMISSAIRE-PRISEUR

Me ANDRÉ DESVOUGES, 26, rue de la Grange-Batelière

EXPERTS

MM. P. BIHN & L. HUTEAU, 61, rue Taitbout

PARIS

CONDITIONS DE LA VENTE

Elle sera faite au comptant.

Les adjudicataires paieront *dix pour cent* en sus des enchères.

MM. P. BIHN et L. HUTEAU se réservent la faculté, dans l'intérêt de la vente, de réunir ou de diviser les numéros du présent Catalogue.

Ils rempliront, aux conditions d'usage, les commissions que voudront bien leur confier MM. les Amateurs.

La Collection sera visible chez M. P. BIHN, 61, rue Taitbout, du Vendredi 1er Mai au Jeudi 7 Mai, de 10 heures à 6 heures.

L'ordre du Catalogue sera suivi.

Paris. — Imp. de l'Art, Ch. Berger, 41, rue de la Victoire.

EN PRÉPARATION :

IMPORTANT CATALOGUE

DE

BELLES ESTAMPES

Anciennes et Modernes

PROVENANT DE LA

COLLECTION D'UN AMATEUR

PREMIÈRE PARTIE

ŒUVRES DE :

ALIX, BAUDOUIN, BOILLY, BONNET, CHARDIN
DEMARTEAU, FRAGONARD, FREUDEBERG, HUET, JANINET, LANCRET
, LAVREINCE, MOREAU LE JEUNE, SAINT-AUBIN, WATTEAU, ETC.

BARYE, BRACQUEMOND, BUHOT, CARRIÈRE, CHAHINE, COROT, DAUMIER
DELACROIX, FANTIN-LATOUR, GAILLARD, GÉRICAULT
HELLEU, CH. JACQUE, HADEN, LAUTREC, LEGROS, LEPÈRE, MANET
MERYON, MILLET, RAFFET, RODIN, WHISTLER, ZORN, ETC.

Dont la Vente aura lieu à Paris

HOTEL DROUOT, SALLE N° 10

LES MARDI 19 ET MERCREDI 20 MAI 1914

A 2 heures précises

Cette Collection sera visible chez M. P. BIHN, 61, rue Taitbout, du Lundi 11 Mai au Samedi 16 Mai, de 10 heures à 6 heures.

DÉSIGNATION

ESTAMPES MODERNES

AFFLECK (A.-F.) — **ABATTUCCI** (P.)

1 — Le Campanile de Giotto. — Vue de Venise. — L'Escalier dans le jardin. — Pont du Vieux Château. — 4 pl.

Très belles épreuves, *signées*, la première *avec remarque*, la seconde *sur japon.*

ANQUETIN (Louis)

2 — Le Cheval de course. — L'Arrivée. — Don Quichotte et Sancho Pansa. — 3 pl.

Très belles épreuves, *signées et numérotées*, la seconde *imprimée en couleurs.*

ARDAIL — COURTRY — RODRIGUES, etc.

3 — Sujets divers d'après les maîtres, ou pièces originales. — Ens. 18 pl.

Très belles épreuves, la plupart *avant* lettre, sur parchemin ou chine, *timbrées et signées.*

BAERTSOEN (Albert)

4 — Luizengeœcht. — Maisons Zélandaises. — Reflets, grande planche. — 3 pl.

Très belles épreuves, *signées*, deux *numérotées.*

BAERTSOEN (Albert)

5 — La Rivière. — Ter Neuzeu, Soir. — Vieilles Maisons au bord de l'eau. — Vieilles Maisons sur l'eau. — Vieux Pont à Dixmude. — 5 pl.

Très belles épreuves, *signées*.

BARTHOLOMÉ — MULLER — OSTERLIND

6 — La Prière des Morts, d'après Jacoby, *2 épr.* Les Confidences. — Retour de la fontaine. — La Bonne Aventure. — 5 pl.

Très belles épreuves, *numérotées et signées*, 3 *imprimées en couleurs*.

BELLEROCHE (Albert)

7 — Études de Femmes. — 7 pl.

Très belles épreuves, *signées*, 3 *sur chine*, 2 *sur papier rosé*.

8 — Femme en robe de Soirée. - Portrait de Femme coiffée d'un toquet. — La Lecture. — 2 Portraits de Femmes. — 5 pl.

Très belles épreuves, *signées*, l'une *sur japon*.

BERTON (Armand)

9 — Au Saut du Lit, 3e état. — La Chemise, 2 épr. d'états différents. — La Coiffure. — 4 pl.

Très belles épreuves, *signées* (sauf une), l'une *numérotée*.

10 — Le Beau Palmier du Luxembourg. — Matinée d'Été. — Soir d'Avril. — 3 pl.

Très belles épreuves, *signées*, la première *numérotée*.

BERTON (Armand)

11 — L'Espiègle. — Fille d'Ève, 1er état. — Jeune Baigneuse vue de dos, 2e état. — Séduction, 1re planche. — 4 pl.

Très belles épreuves, *signées*, la troisième *sur japon et numérotée.*

12 — Le Modèle. — Mollesse. — La Petite à la Pantoufle. — Souvenir de Giorgione. — 4 pl.

Très belles épreuves, *signées*, les deux dernières *numérotées.*

13 — Portrait de l'Artiste, par lui-même. — L'Homme souriant. — L'Indécision. — Iza. — 4 pl.

Très belles épreuves, *signées*, deux *numérotées.*

BERTRAND (E.) — **HUVEY** — **LETOULA**, etc.

14 — La Femme à l'Éventail. — Portrait de Me S. W., d'après Gilbert. — Les Deux Sœurs, d'après Hébert. — Le Bénédicité, etc. — Ens. 11 lithographies.

Belles épreuves d'artiste sur chine, *signées.*

BESNARD (Paul-Albert)

15 — Apparition (Jeune fille derrière une balustrade).

Très belle épreuve du 2e état avec le fond, la main gauche effacée. *Signée.*

16 — Dans les Cendres. — Le Fauteuil de Mapple. — 2 pl.

Très belles épreuves.

BESNARD (Paul-Albert)

17 — La Fin de Tout. — L'Invitée (ou La Mort), lithogr. — 2 pl.

Très belles épreuves, la seconde *signée.*

18 — Une Brune et une Blonde. — Étude de Femme nue (la main droite sur la jambe droite).— 2 pl.

Très belles épreuves, la première *signée* (la seconde fatiguée au coup de planche).

BEURDELEY (Jacques)

19 — Les Enfants dans le Port de Concarneau. — La Route de Granville. — Vieux murs. — 3 pl.

Très belles épreuves, *signées et numérotées.*

BLANCHARD (A.) — **BOILVIN** — **DEZARRON**, etc.

20 — Les Joueurs d'échecs, d'après Meissonier. — The Mazarin Library, d'après Fortuny. — Étude, d'après Dagnan-Bouveret. — Innocent X, d'après Velasquez, etc. — Ens. 7 pl.

Très belles épreuves, *3 avant lettre*, *signées et timbrées.*

BLANCHE (Jacques-Édouard)

21 — Au Jardin. — Le Cheval blanc. — Le Thé. — 3 pl.

Très belles épreuves, deux *signées*, l'une *imprimée en couleurs et numérotée.*

BOILLY (Louis)

22 — Son Portrait, sur quatre faces. — La Première dent. — La Dernière dent. — 3 pl.

Très belles épreuves. (Piqûres.)

23 — Le Singe mendiant (piqûres). — L'Economie politique. — Réjouissance publique. — 3 pl.

Belles épreuves, l'une *coloriée.* (Déchirures en marge d'une planche.)

24 — La Bonne nouvelle. — Et l'Ogre l'a mangé. — Vous serez heureuse en ménage. — La Partie de piquet. — Les Jouets du jour de l'an. — 5 pl.

Très belles épreuves.

25 — Le Cabaret. — Le Jeu de Billard. — Le Jeu de l'Écarté. — Le Jeu de Tonneau. — Réunion de 35 têtes diverses. — A la Santé de la Garde nationale. — 6 pl.

Bonnes épreuves. (Réparations à 4 planches.)

BONHEUR (par et d'après Rosa)

26 — Taureaux espagnols. — Les Pâturages. — Études d'animaux, etc. — Ens. 23 pl.

Belles épreuves, plusieurs *sur chine.*

BONINGTON (R.-P.)

27 — Rue du Gros-Horloge, Rouen. (H. B. l.)

Très belle épreuve *sur chine.*

BOULANGER (Louis)

28 — Ronde de Sabbat. — Les Fantômes. — Les Orientales, 3 pl. et 1 état. — Androclès. — 7 pl.

Belles épreuves, 4 *sur chine* (pet. déchir. en marge de 2 pl.)

BOUROUX (P.-A.)

29 — Après la Démolition du couvent des Dames de Saint-Michel (Panthéon). — Avallon. — Cour à Rouen. — Place de la Contrescarpe. — Place de la Madeleine, Genève. — Vieille Rue. — 6 pl.

Très belles épreuves, *signées, timbrées et numérotées.*

BRACQUEMOND (Félix)

30 — Le Haut d'un Battant de porte (B. 110). — Ils s'en allaient dodelinant de la tête... (125). — Ah M'ame Adolphe (257). — Vignette pour l'Eclipse (435). — Invitation Hoschedé (527). — 5 pl.

Belles épreuves, 2 sur japon sans lettre.

31 — Fables de La Fontaine, d'après G. Moreau 795-800) 5 pl. (sur 6, manque la Discorde). — Tête de Jeune Homme de trois quarts à droite (n. d.) — 6 pl.

Très belles épreuves, *signées*, les cinq premières *sur japon*, l'autre *sur papier ancien.*

BRASCASSAT (J. R.) — **HARPIGNIES** (H.)

32 — Troupeau de moutons attaqué par un loup; Le Taureau; Études d'animaux. — L'Étang d'après A. Knyff. — 7 pl.

Très belles épreuves, 2 sur chine, *signées*, l'une *avec dédicace.*

BRESDIN (Rodolphe)

33 — Le Bon Samaritain.

Très belle épreuve *sur chine*.

BRUNET-DEBAINES

34 — Vue de Venise, d'après Ziem. — Bords d'Étang, d'après Corot. — 2 pl.

Très belles épreuves sur parchemin, la première *signée des artistes*.

BUHOT (Félix)

35 — L'Hiver à Paris (B. 128). — La Place Pigalle en 1878 (129). — 2 pl.

Très belles épreuves, la première entre les 2e et 3e états, *avant* les mots l'Art, Imp. Salmon et le titre, *sur japon;* la seconde *timbrée*.

36 — La Traversée (143). — Petite Marine, souvenir de Medway (153). — 2 pl.

Très belles épreuves, *timbrées*.

BURNEY (Eugène)

37 — La Belle Chocolatière, d'après Liotard (B. 6). — Pie X. — 2 pl.

Très belles épreuves, la première d'*état*, *sur japon*, *avec dédicace signée*; la seconde *numérotée et signée*.

CARO-DELVAILLE — GANDARA (A. de La)

38 — La Femme aux Estampes. — Jeune Mère. — Mère et sa Fillette. — Portrait de Femme (de l'Estampe Originale) — 4 pl.

Très belles épreuves, 3 *signées et numérotées:* les deux premières *imprimées en couleurs*, sur chine volant, les deux autres sur japon.

CARRIÈRE (Eugène)

39 — Jean Dolent (D. 37). — Elise Riant (19), 2 pièces.

Belles épreuves sur chine (la deuxième doublée).

CHAHINE (Edgar)

40 — Arlette. — Les Trotteuses. — 2 pl.

Très belles épreuves, *numérotées et signées* l'une sur japon, l'autre *imprimée en couleurs.*

41 — Aux Fortifications, le Fardier. — Bal de Carrefour le 14 Juillet. — 2 pl.

Très belles épreuves, *signées et numérotées.*

42 — Mlle Bianca Moreno. — Lily Aréna (tête seule). — 2 pl.

Très belles épreuves, *signées et numérotées.*

43 — Elvira. — Lara. — 2 pl.

Très belles épreuves sur japon, *signées et numérotées.*

44 — En promenade. — Mlle Félicie. — Le Trottin. — 3 pl.

Très belles épreuves sur japon, *signées*, la deuxième *numérotée.*

45 — Fête Foraine. — Les Frites. — 2 pl.

Très belles épreuves, *signées et numérotées.*

46 — Ghemma debout. — Ghemma en turban noir. — 2 pl.

Très belles épreuves sur japon fixé, *numérotées et signées.*

CHAHINE (EDGAR)

47 — Ghemma (tête seule). — Ghemma assise. — 2 pl.

Très belles épreuves, *signées et numérotées.*

48 — Lydia. — Maggy. — 2 pl.

Très belles épreuves, *numérotées et signées.*

49 — Rita, tête seule. — Rita, tête de face. — 2 pl.

Très belles épreuves sur japon, *signées et numérotées.*

50 — Simonne. — Portrait de Mlle Y. de T. — 2 pl.

Très belles épreuves sur japon, *signées et numérotées,* la première imprimée en bistre.

CHAIGNEAU — DALLEMAGNE — DESBROSSES GAREN

51 — Le Troupeau. — Rue de la Beaudrairie à Vitré. — Le Chemin de l'Église. — Lac d'Italie d'après Corot. — La Charrette, d'après Corot. — 5 pl.

Très belles épreuves de remarque (sauf une), *signées, 2 sur parchemin.*

CHAUVEL (THÉOPHILE)

52 — Le Batelier (D. 93). — Le Lac (98). — 2 pl. d'après Corot.

Très belles épreuves *avant lettre, signées,* la première *sur parchemin.*

CHAUVEL (THÉOPHILE)

53 — L'Orage, d'après Diaz (90). — L'Enclos, d'après Van Marcke (113). — L'Énigme, d'après Orchardson (142). — 3 pl.

Très belles épreuves *avant lettre*, la première *sur Japon, signée des initiales*, la seconde *sur chine*, la troisième *avec remarque, sur parchemin, signée des deux artistes.*

CHEFFER — FOCILLON — LALAUZE, ETC.

54 — Sujets divers d'après les Maîtres ou pièces originales. — Ens. 19 pl.

Très belles épreuves, la plupart *avant lettre, sur parchemin et japon, signées et timbrées.*

CHÉRET (JULES)

55 — Les Danses et les Ris. — Couvertures. — Cartes d'Invitation. — Titres de Musique. — Menus, etc. — Ens. 27 pl.

Très belles épreuves, la plupart *d'essai, 5 signées.*

CLAUDE — DUBOISMENANT — FUCHS NEUMONT, ETC.

56 — La Lettre. — La Chevrière. — Baigneuses. — Églogue, d'après Henner. — La Femme aux cerises. — Bonne Nuit, etc. — Ens. 13 lithogr.

Très belles épreuves, la plupart *signées et numérotées, sur chine ou japon.*

DAUBIGNY (Charles-François)

57 — L'Ondée (H. 78). — Le Grand Parc à Moutons (86), 4e état, avec l'adr. de Cadart. — Le Gué (108), 2e état, avec l'adr. de Cadart. — L'Arbre aux Corbeaux (110). — 4 pl.

Très belles épreuves, 2 sur chine.

58 — Les Bergers (112).

Très belle épreuve de la collect. De Goncourt.

DELACROIX (Eugène)

59 — Tigre couché à l'entrée de son antre (L. D. 12.) — La Fiancée de Lammermoor (83). — 2 pl.

Très belles épreuves, la première du 5e état (sur 6), la seconde du 1er état, *avec les adresses.*

60 — Lion de l'Atlas (79). — Tigre Royal (80). — 2 pl. formant pendants.

Épreuves réparées et doublées.

61 — Jeune Tigre jouant avec sa mère (91), 3e état (sur 6). — Lion dévorant un Cheval (126), 2 épr. des 3e et 4e états. — Desdemona, d'après Delacroix, par J. Laurens. — 4 pl.

DESBOUTIN (Marcelin)

62 — Desboutin, ou l'Homme à la Pipe (B. 1).

Très belle épreuve, *signée.*

63 — Berthe Morisot (22). — Pie IX (116). — Puvis de Chavannes, etc. — 5 pl.

Très belles épreuves, *4 signées.*

DESBOUTIN (Marcelin)

64 — Desboutin, tête de face, in-4° (29). — Desboutin, de profil à gauche, fumant sa pipe, in-4° (30). — Desboutin, tourné à droite, lithogr. (n. d.). — 3 pl.

Très belles épreuves, l'une *signée*, la troisième *sur chine*. *Rare*.

65 — La Femme au Chat (n. d.).

Très belle épreuve, *signée*.

DÉSIRÉ-LUCAS

66 — Le Benedicite. — Le Repas des paysans. — 2 pl.

Très belles épreuves de *remarque*, *signées et numérotées*, la première *sur chine*, imprimée en bistre.

67 — Conte de Grand'mère. — Le Port. — Tête de Vieux Pêcheur. — 3 pl.

Très belles épreuves, la première *avec remarque*, *sur japon et numérotée*.

DORÉ (Gustave)

68 — Misérables sur le Pont de Londres, 2e planche (B. 11).

Très belle épreuve de l'état terminé. *Rare*.

69 — Contrebandiers espagnols, petite planche (16).

Très belle épreuve du 2e état, avec la signature. *Rare*.

DORÉ (Gustave)

70 — Les Joueurs de boule, scène espagnole (19).

Très belle épreuve de cette jolie pièce, restée inachevée. *Rare.*

71 — Le Néophyte, 5e planche (30).

Superbe épreuve. *Rare.*

72 — Le Néophyte, planche inédite.

Très belle épreuve. *Rare.*

73 — Tête de Christ. Sujet. H., 0,570 ; L., 0,482.

Très belle épreuve. *Rare.*

74 — La Mort de Gérard de Nerval, ou la Rue de la Vieille-Lanterne (69).

Très belle épreuve *sur chine.*

75 — Le Capitaine Fracasse (B. n. d.) — Frère Angel. (79). — L'Album de Gustave Doré, pl. 1, 3, 6 à 8, 10, 11 (soit 7 pl. sur 12). — Une Famille de saltimbanques, par Vernier, d'après Doré. — Ens. 10 pl., 9 *sur chine.*

ELIOT (Maurice)

76 — Baiser Discret.

Très belle épreuve, *imprimée en couleurs* sur chine, *timbrée, signée et numérotée.*

77 — La Brouille. — Chant du Soir. — 2 pl.

Très belles épreuves, *imprimées en couleurs, numérotées,* la première sur chine et *signée,* la seconde *avec remarque sur japon.*

ELIOT (Maurice)

78 — La Femme à la Cruche. — Jeune Femme à l'Eventail. — 2 pl.

Très belles épreuves, *imprimées en couleurs, timbrées et numérotées*, la première *sur japon et signée*, la seconde *sur chine*.

79 — La Romance du Printemps. — Soirée Mondaine. — 2 pl.

Très belles épreuves, *imprimées en couleurs*, la seconde d'essai, sur chine, *timbrée, numérotée et signée*.

80 — La Soupeuse.

Très belle et rare *épreuve d'essai, imprimée en couleurs*, sur chine volant, *timbrée et signée*.

EVENTAILS

81 — Importante collection d'Eventails pour les Fêtes Gavarni, Monnier, Callot ; Fête du Journal, éventails séparés, etc., par Cheret, Courbouin, De Feure, Dillon, A. Faivre, Roubille, Truchet, Eliot, Grün, Neumont, G. Redon, Métivet, Bac, Job, Villon, Robbe, etc. — Ens. 60 lithogr.

Très belles épreuves, *imprimées en couleurs*, plusieurs *signées et numérotées*.

FAIVRE (Abel)

82 — Banlieue. — Femme en Chemise, assise. — 2 pl.

Très belles épreuves sur chine.

FAIVRE (ABEL)

83 — Femme en Chemise, assise. — Le Sommeil. — 2 pl.

Très belles épreuves sur chine volant, *signées*.

84 — Jeune Femme dansant.

Superbe épreuve sur grand japon, imprimée en couleurs, *signée*.

85 — Jeune Femme Empire. — La Violoncelliste. — 2 pl.

Très belles épreuves, *imprimées en couleurs, signées et numérotées*.

86 — La Parisienne. — Jeune Précieuse. — 2 pl.

Très belles épreuves sur chine, la première *imprimée en couleurs, signée et numérotée*, la seconde *imprimée en bistre*.

FANTIN-LATOUR (HENRI)

87 — Chasseresse (103), 3e état, le croquis effacé. — Baigneuses, moyenne planche (125), 2e état. — 2 pl.

Très belles épreuves d'essai sur chine volant.

88 — Sémiramide (118).

Belle épreuve du 2e état, sur chine volant. (Petit trou et tache.)

89 — A Berlioz, grande planche (132), 2e état. — Baigneuses, 4e grande planche (138), 2e état. — La Source dans les bois (139), 3e état. — 3 pl.

Très belles épreuves *sur chine*.

FANTIN-LATOUR (Henri)

90 — Vénus Anadyomène (144), 4e état. — Andromède (158). — 2 pl.

Très belles épreuves sur japon, la seconde *numérotée*.

91 — Ariane (154), 2 épr. du 2e état *avant* lettre, l'une sur papier bleuté, l'autre sur chine. — Vision (122), épr. avec cache. — 3 pl.

92 — Le Paradis et la Péri, début, 3e planche (157), 2e état. — Rêverie (159), 2e état. — La même, épreuve de la pl. biffée. — 3 pl.

Très belles épreuves, *signées*, 1 sur japon, les 2 autres sur chine.

93 — A Rossini (160).

Très belle épreuve avec remarque, sur japon pelure.

94 — Illustrations pour les Poésies d'André Chénier (161 à 172).

Suite complète de 12 pl. en très belles épreuves sur chine volant avec les remarques.

FORAIN (Jean-Louis)

95 — Au Restaurant. (G. 1).

Très belle épreuve, *signée et numérotée*.

96 — Chez l'Huissier (3).

Très belle épreuve, *signée et numérotée*.

97 — Rue Laffitte (6).

Très belle épreuve, *signée et numérotée*.

FORAIN (Jean-Louis)

98 — Friction au gant de crin (21).

Très belle épreuve en sanguine.

99 — Un Tableau de Papa, 1re planche (62).

Très belle épreuve sur japon.

100 — Un Tableau de Papa, 2e planche (63).

Très belle épreuve sur japon.

101 — Éventail pour le Bal Gavarni (70).

Très belle épreuve, imprimée en couleurs.

FORTUNY — RIBOT (Th.)

102 — Tireuse de cartes. — Mendiant. — Le Déjeuner des Cuisiniers. — La Prière des Petites Filles. — Une Grande douleur. — 5 pl.

Très belles épreuves, l'une avant lettre.

GÉRICAULT (Théodore)

103 — Études de chevaux, par Géricault (Cl. 74 à 86). — Suite d'un titre (qui manque) et de 12 pl., par L. Cogniet et Volmar. — Études de chevaux, etc. (54-56-59 à 66-67 à 69-88-89). — 3 pl. d'après Géricault. — Ens. 31 pl.

Très belles épreuves du premier tirage (sauf 2).

HALLO (Charles-Jean)

104 — Au Théâtre, 2 pl. différentes. — Petite Porte de Philœ. — Scènes de Courses de Taureaux, 2 pl. différentes. — La Cathédrale. — 6 pl.

Très belles épreuves, *signées, timbrées et numérotées.*

HEINS (A.)

105 — L'Arbre de Lemberge. — Route dans les Dunes. — Le Pont. — Paysage. — Les Porcs. — Quai au Blé à Gand. — 6 pl.

Très belles épreuves, *signées* (sauf une), la seconde *sur japon.*

HELLEU (PAUL)

106 — A Quatre Mains (La Leçon de Piano).

Très belle épreuve, *signée. Rare.*

107 — A Versailles, la Statue. — A Versailles, le Vase aux Tournesols. — 2 pl.

Très belles épreuves, *signées.*

108 — Devant le Secrétaire. — Femme couchée sur une causeuse. — 2 pl.

Superbes épreuves, *signées et annotées*, la première : *tirée à quatre, planche détruite ;* la seconde *tirée à 10, 1re épreuve.*

109 — Devant les Watteau du Louvre.

Très belle épreuve, *imprimée en deux tons, signée.*

110 — Me la Desse de Marlborough. — Portrait de femme de face. — 2 pl.

Très belles épreuves, *signées*, la première *avec dédicace.*

111 — Ellen Helleu, au chapeau tuyauté. — Ellen de face, accoudée du bras droit. — Ellen a 13 ans. — 3 pl.

Très belles épreuves, *signées*, la seconde avec la mention : *tirée à 10, épuisée.*

HELLEU (Paul)

112 — Fillette de trois quarts à droite, coiffée d'un chapeau à grande plume blanche. — Jeune Femme en buste, de face, au chapeau noir. — 2 pl. grand in-fol.

Très belles épreuves *imprimées, en couleurs, signées et annotées :* la première, *tirage 10 épr.;* la seconde, 2e *état, tirage 2 épr.*

113 — Mme Helleu, accoudée sur un guéridon. — Mme Helleu de dos, à la ceinture noire. — 2 pl.

Très belles épreuves, *signées.*

114 — Mme Helleu. (Devant le Chevalet.)

Très belle épreuve imprimée en 3 tons, sur papier ancien, *signée.* Porte au verso un *dessin original* de l'artiste, aux deux crayons : Étude de nu.

115 — Jeune Femme au boa, de profil à droite. — Jeune Femme au chapeau à plumes, de face. — 2 pl. grand in-fol.

Très belles épreuves, *imprimées en couleurs, signées.*

116 — Mme Madeleine Carlier. — Jeune Femme assise, en buste, de profil à droite. — 2 pl.

Très belles épreuves *signées,* la première imprimée en deux tons et annotée : *bon pour 25;* la seconde avec mention : *tirée à 10.*

117 — Madeleine Dolley. — Liane de Pougy. — 2 pl.

Très belles épreuves, *signées.*

118 — Marguerite Brésil. — Mme M. — 2 pl.

Très belles épreuves, *signées.*

HELLEU (Paul)

119 — Mlle Marguerite d'Abadie. — Jeune Femme en cheveux, de face. — 2 pl.

Très belles épreuves, *signées*, la seconde *imprimée en 2 tons* et annotée : *tirée à 3.*

120 — Mme Suzanne Lemaire. — Jeune Femme tournée à droite, accoudée sur un meuble, 2 épr. — 3 pl.

Très belles épreuves, *signees*, l'une imprimée en sanguine et annotée : *tirée à 6.*

121 — Une Élève de de Reské. — Jeune Femme en buste, de trois quarts à droite. — 2 pl., grand in-fol.

Très belles épreuves, *imprimées en couleurs, signées.*

HEYMAN (Charles)

122 — Quai des Célestins. — Rue Saint-Médard ; 2e état. — 2 pl.

Très belles épreuves, *signées et numérotées*, la première sur papier ancien, la seconde sur japon.

HOMERE (S.) — **LEQUEUX** (E.)

123 — Marin d'Étaples. — Les Cygnes. — 2 pl.

Très belles épreuves sur japon, *signées*, la première *numérotée.*

JACQUE (Charles)

124 — Intérieur de Ferme (G. 74). — La Gardeuse de Dindons (211). — L'Orage (212 *bis*), etc. — Ens. 10 pl.

Très belles épreuves, plusieurs d'état, *1 signée.*

JACQUEMART (Jules)

125 — Armure de Gladiateur (G. 18.) — Armes du xvie siècle (22). — 2 pl.

Très belles épreuves *avant lettre*, avec signature à la pointe, la première sur japon.

126 — Miroir Français du xvie siècle (21). — La Canne de Monsieur de Balzac (27). — Cuiller en argenterie artistique gravée pour M. Tiphany (394). — 3 pl

Très belles épreuves *avant lettre*, avec signature à la pointe.

JEANNIOT (G.)

127 — Au Square. — L'Étape, marche forcée. — Femme assise de face. — Femme assise, tournée à droite. — Ens. 4 pl.

Très belles épreuves, *signées*, la seconde *numérotée*. On a joint : Femme regardant une Estampe, dessin aux trois crayons, *signé*. — Ens. 5 pièces.

128 — Conscrits. — Femme à sa Toilette. — L'Orateur. — Portrait de Jeune Garçon. — Tramway de Banlieue, etc. — Ens. 7 pl.

Très belles épreuves, *signées*, *4 numérotées et timbrées.*

LATENAY (G. de)

129 — L'Escaut, près d'Anvers. — Berck, l'heure de la Pêche. — L'Écluse (Anvers). — 3 pl.

Très belles épreuves, *signées et numérotées.*

LAUTREC (Henri de Toulouse)

130 — Dihau et Judic. — Ida Heath à l'Irish Bar. — 2 pl.

Très belles épreuves, *timbrées*, la première *numérotée*.

131 — Five O'clock. — La Modiste. — 2 pl.

Très belles épreuves, la première *signée*.

132 — Lender et Baron. — Pourquoi Pas. — 2 pl.

Très belles épreuves, la première *timbrée*, la seconde *signée et numérotée*.

133 — Margouin la Modiste.

Très belle épreuve. *Rare*.

134 — Nicolle, la Pierreuse. — Répétition générale aux Folies-Bergère. — 2 pl.

Très belles épreuves, *timbrées*, la seconde *numérotée*.

135 — Réjane et Galipaux dans Madame Sans-Gêne.

Très belle épreuve imprimée en ton verdâtre, *timbrée et numerotée*.

136 — Yahne dans sa loge.

Très belle épreuve, imprimée en ton verdâtre.

LÉANDRE (Charles)

137 — Baiser de Poète. — Descente de l'Automobile. — 2 pl.

Très belles épreuves sur chine, *imprimées en couleurs*, la première *d'essai*, la seconde *signée et numérotée*.

LÉANDRE (Charles)

138 — La Femme au Singe. — La Femme au Chien. — 2 pl.

Très belles épreuves, *imprimées en couleurs*, la première sur chine, *signée et annotée.*

139 — Une Page d'amour. — L'Adoration des Bergers. — Le Banc d'Œuvres. — 3 pl.

Très belles épreuves *signées*, la première sur chine et *annoté par l'artiste.*

140 — Basse Normandie. — Étude de Nu. — Femme Assise, l'épaule nue. — Dame du Second Empire. — 4 pl.

Très belles épreuves sur chine, l'une *de remarque*, les trois premières *signées et numérotées.*

141 — La Chanson Montmartroise. — La Femme au Guerrier. — La Femme aux Bijoux. — La Pomme. — 4 pl.

Très belles épreuves sur chine ou japon, *deux signées*, la première *avec dédicace.*

142 — Portrait de Detouche. — Portrait de Christophe. — Le Duo. — Tête de Jeune fille. — Programme. — 5 pl.

Très belles épreuves sur chine (sauf une); les deux premières *très rares.*

LEGRAND (Louis)

143 — Avant (J'ai peur qu'on nous voie) (R. 2), 8e état, avec la première légende. — Après (3), 5e état (sur 6), avec la légende. — Fin (35). — 3 pl.

Très belles épreuves, *signées.*

LEGRAND (Louis)

144 — Teutonophonie (7). — L'Idiot (10), 2 épr., l'une de 1er état, avant la découpure du cuivre. — 3 pl.

Très belles épreuves, deux sur japon, *signées*.

145 — Frio (20), avec la remarque. — Eléphantésie (43). — 2 pl.

Très belles épreuves, *signées*, une sur japon.

146 — La Mort n'a pas faim (39).

Très belle épreuve du 1er état, *avant* la signature, *signée*.

147 — La Fille à sa tante (47). — Les Mioches (48). — Devant la Glace (51), pl. complète et coupée. — 4 pl.

Très belles épreuves sur japon (sauf une).

148 — Arabesque ouverte (54).— En Nage (55) avant la remarque et la légende. — La Petite Servatoire, lithogr. (111). — 3 pl.

Très belles épreuves sur japon.

LEHEUTRE (Gustave)

149 — Le Bassin Neuf à La Rochelle.

Très belle épreuve, *signée et numérotée*.

150 — Le Chaland à La Rochelle.

Très belle épreuve, *signée et numérotée*.

151 — Les Cités ouvrières, à Troyes.

Très belle épreuve, *signée et numérotée*

LEHEUTRE (Gustave)

152 — L'Écluse du Nouveau Canal à Troyes.

Très belle épreuve, *signée et numérotée.*

153 — La Rosace de Saint-Pierre, à Troyes.

Très belle épreuve, *signée et numérotée.*

LEMUD (Aimé de)

154 — Hélène Adelsfreit. — Maître Wolframb. — Enfance de J. Callot. — Le Vin. — Le Café, etc. — Ens. 8 pl.

Belles épreuves sur chine.

LEPÈRE (Auguste)

155 — Vendémiaire (72).

Très belle épreuve, imprimée en sanguine, *timbrée, signée et numérotée.*

156 — Les Laveuses (91).

Très belle et rare épreuve du 2e état, *avant la coupure du cuivre, imprimée en couleurs, timbrée, signée et numérotée* 2.

157 — Embarcadère sur la Garonne, Bordeaux (106). — Éventail pour la Fête Henri Monnier (310). — 2 pl.

Très belles épreuves, *imprimées en couleurs.*

LITHOGRAPHIES

158 — Dédale et Icare, par Bouillon. — L'Aventure chevaleresque, le Spectre de la Montagne, etc., par A. E. Fragonard. — Le Repos du Monde, par Guérin. — Les Fermiers, par De Marne, etc. — Ens. 16 pl.

Très belles épreuves.

LITHOGRAPHIES

159 — J'abats les Quilles, etc., par Baptiste. — Fantaisies par divers artistes. — Le Soldat blessé, par Marlet. — Scènes Populaires de Naples, par Morner. — La Danse de l'Ours, par Rœhn, etc. — Ens. 24 pl.

Belles épreuves.

LOWENBERG (Léon)

160 — A Douvres. — Le Baiser. — Dolce Far Niente. — Danseuse. — Fillette rêveuse. — Lawn-Tennis. — Minuit. — Mouettes. — Un Coup de vent, etc. Ens. 21 pl.

Très belles épreuves, *signées* sauf une, la plupart sur japon.

LUNOIS (Alexandre)

161 — Au Bord du Zuyderzée.

Très belle et *très rare* épreuve, *avec 4 croquis de marge*, sur japon fixé, *signée*.

162 — Au Bord du Zuyderzée.

Très belle épreuve, les croquis effacés, les bords non rectifiés. Sur japon fixé, *signée*.

163 — Au Burrero. — Danseuse Flamença, épr. avec 2 croquis de marge. — 2 pl.

Très belles épreuves, *imprimées en couleurs, signées*. *Rares*.

164 — La Belle Tulipe.

Très belle épreuve sur japon, *signée*. *De toute rareté*.

LUNOIS (Alexandre)

165 — La Convalescente. — L'Hippodrome, course de chars. — 2 pl.

Très belles épreuves sur japon appliqué, *signées*.

166 — Les Danseuses. (Calendrier 1903.)

Très belle épreuve d'essai, avant lettre, imprimée en bistre, sur chine volant, *signée*.

167 — Dernière Prière, La Fosse Commune.

Très belle épreuve sur chine volant, *signée*.

168 — Fileuse Arabe, debout devant sa porte.

Très belle épreuve sur japon, *signée*. *Rare*.

169 — La Lessive dans le Gourbi.

Superbe épreuve sur japon fixé, *avec dédicace signée à l'imprimeur Belfond. Très rare*.

170 — Printemps Norvégien, Lofthus.

Très belle épreuve sur japon, *signée et numérotée*.

171 — Les Lavandières, d'après Daumier, sur japon. — Le Pot de Vin, d'après Lhermitte, sur chine volant. — Réunion Publique à la Salle Graffard, d'après J. Béraud, sur japon. — Le Vin, d'après Lhermitte. — 4 pl.

Très belles épreuves, 3 *signées*, *deux avec remarque*. (Réparat. à une pl.)

MAC-LAUGHLAN (D.-S.)

172 — Devonshire. — La Place. — Quai des Grands-Augustins. — Quai de l'Hôtel-de-Ville et l'Église Saint-Gervais. — Entrée de village. — Ens. 5 pl.

Très belles épreuves, *signées*, 2 sur japon.

MANET (Édouard)

173 — Lola de Valence (M. N. 3), 4e état (sur 5). — Fleur exotique (18). — 2 pl.

Très belles épreuves.

MAURIN (Charles)

174 — Le Bain de la Fillette. — Tête de Femme. — La Jarretière. — Le Champagne. — Tête de Femme (lith.), *épr. unique.* — Femme nue (lith.). — 6 pl.

Très belles épreuves, *signées, 2 imprimées en couleurs.*

MEISSONIER (Ernest)

175 — Le Grand Fumeur (B. 13).

Très belle épreuve, *sur chine.*

176 — Polichinelle tourné à gauche (18). — Les Joueurs de cartes, bois par Lavoignat. — 2 pl.

Belles épreuves, la première à grandes marges, la seconde sur chine.

177 — Il Signor Annibale (23).

Très belle épreuve du 1er état, *avec le titre,* sur japon, *signée* du monogr.

MÉRYON (Charles)

178 — Le Pavillon de Mademoiselle et une Partie du Louvre (L.-D. 9). — Le Bain Froid Chévrier (44). — San Francisco (73). — 3 pl.

Très belles épreuves, la seconde *avec la planche de vers.* On a joint : Le Vaisseau Fantôme, par Chauvel, d'après Méryon. — Ens. 4 pl.

MEUNIER (Marc-Henry)

179 — La Barque. — La Meule la Nuit. — Pour la Sainte Vierge. — Un Chaume à la Lisière. — 4 pl.

Très belles épreuves, *signées*, les 2 dernières *numérotées*.

MIGNOT (V.)

180 — Barques à Moules, Malines. — Le Vieux Quai Malines. — Bateaux à l'amarre, Hyères. — L'Étonné. — L'Homme au Bonnet de fourrure. — La Rieuse. — Ens. 6 planches.

Très belles épreuves, *signées, timbrées et numérotées.*

MUYDEN (Evert Van)

181 — Portrait de l'Artiste, par lui-même.— Combat de Panthères. — Tigre dévorant une biche. — Taureau. — Voleurs de chevaux. — Panthère noire. — Romaine. — Tète de Femme aux cheveux épars. — etc. — Ens. 14 pl.

Très belles épreuves, *signées*, plusieurs d'état.

PIÈCES HISTORIQUES

182 — Napoléon entouré des personnages les plus illustres de son époque, par Marin-Lavigne, d'après Victor Adam (avec la pl. explicative). — Louis-Philippe Ier, portrait équestre par Maurin, d'après Lami. — L'Impératrice Eugénie, entourée de ses dames d'honneur, par Léon Noël, d'après Winterhalter, etc. — Ens. 8 pl.

Belles épreuves, une sur chine.

PIGUET (Rodolphe)

183 — Française de 1889. — La Frileuse. — Le Marchand de chansons au Palais-Royal. — La Petite bonne. — Boudeuse. — Songeuse. — Les Cartes. — 7 pl.

Très belles épreuves, *signées* (sauf une), l'une d'état, *3 imprimées en couleurs* et *numérotées.*

184 — La Marguerite, d'après Carrier-Belleuse. — La Pierrette, d'après Clairin. — Petite Fille à la poupée. — Petite fille au manchon, etc. — Ens. 7 pl.

Très belles épreuves, *signées*, l'une sur japon (*signée des deux artistes*), deux sur parchemin, *avec remarque*

PINET (Charles)

185 — Le Pont Neuf à Paris. — Le Quai du Rosaire à Bruges, etc. — Ens. 3 pl.

Très belles épreuves, *numérotées et signées.*

RAFFET (Auguste)

186 — Le Réveil (85). — La Revue Nocturne (429). — 2 pl.

Belles épreuves, sur chine. On a joint : Illustrations de l'Armée française depuis 1789 jusqu'en 1832 (G. appendice 1 à 16) 8 pl. (sur 16), etc. Ens. 11 pl.

187 — Planches d'Albums (345-359-369-381-385-386-388-389-393-398-400-401). — 8 pl.

Belles épreuves de *premier tirage.* 1 sur chine.

188 — Planches d'Albums (392-393-398-400-401-410-411-413-414-418-425, etc.) — Ens. 13 pl.

Belles épreuves de *premier tirage.*

RAFFET (Auguste)

189 — Dévouement du clergé catholique (563). — Prêts à partir pour la Ville Éternelle (559). — Artilleurs allant prendre le service (573). — 3 pl.

Très belles épreuves sur chine, la première *avant lettre, très rare.*

REDON (Georges)

190 — Les Amoureux surpris. — Le Monoplan. — La Parisienne. — Ens. 3 pl.

Très belles épreuves, *imprimées en couleurs, signées,* les deux premières sur chine.

REDON (Odilon)

191 — Le Liseur (M. 119).

Très belle épreuve, *signée.*

RENOIR (Auguste)

192 — La Dame au grand chapeau (lithogr.)

Très belle épreuve.

ROPS (Félicien)

193 — Chez les Trappistes (R. 178).

Très belle épreuve sur chine, de la collection Barrion. (Piqûres.)

SPORTS ET CHEVAUX (Estampes relatives aux)

194 — La Promenade du Matin. — Hippodrome National. — Cirque des Champs-Élysées. — Marché aux chevaux, etc., etc. — 24 pl. par ou d'après Lœillot, A. de Dreux, V. Adam, Rosa Bonheur.

Belles épreuves, la plupart coloriées.

STEINLEN (Théodore-Alexandre)

195 — Ménagère et Enfants rentrant du lavoir. (E. de C. 33.)

Très belle épreuve, *imprimée en couleurs, timbrée et numérotée.*

196 — Amoureux sur un Banc (71).

Très belle épreuve *signée et numérotée.*

197 — Intérieur de Tramway (173). — Rupture d'Automne (477). — Fleurettes (478). — 3 pl.

Très belles épreuves, la première sur chine volant, *signée et numérotée*, les deux autres en *1er état, avant lettre, rares.*

198 — Les Veuves de Courrières (291).

Très belle épreuve sur chine volant, *signée et numérotée.*

SYNGE (E-M.)

199 — Cordoba. — Tolède, 3 vues différentes, etc. — 5 pl.

Très belles épreuves sur japon, *signées.*

200 — Rothenberg from the Saubed Valley. — The Forge at Laweder. — Salute from the Riva. — Venice, from the Lagoon. — Saint-Marks, Venice, etc. — 6 pl.

Très belles épreuves, *signées*, 2 sur japon.

201 — Axila, intérieur de la Cathédrale. — Vues d'Espagne. — 5 pl.

Très belles épreuves, *signées*, 3 sur japon.

TISSOT (Jacques-Joseph)

202 — Querelle d'Amoureux (B. 11). — Miss N. ou la Frileuse (19). — Entre les deux mon Cœur Balance (23). — Le Portique de la Galerie Nationale à Londres (32). — Le Hamac (37). — 5 pl.

Très belles épreuves, *3 timbrées et signées*, une sur japon, une sur papier ancien.

203 — L'Automne ou Octobre (26). — L'Été (35). — L'Hiver, promenade dans la Neige (39). — Le Dimanche matin (63). — Berthe (65). — 5 pl.

Très belles épreuves, *3 timbrées et signées*, 2 sur japon.

VILLON (Jacques)

204 — Caresse. — Le Chien Colley. — Devant un Guignol. — Miss Evelyn. — Toilette de Minne. 5 pl.

Très belles épreuves, *signées et numérotées*.

WILLETTE (Adolphe)

205 — La Chasse aux Papillons, Éventail.

Très belle et rare épreuve, imprimée en sanguine, *sur soie*.

206 — Le Coucher de la Mariée, 1re planche.

Très belle épreuve sur chine volant, *signée et numérotée* (tirage 10 épr.)

WILLETTE (Adolphe)

207 — Le Coucher de la Mariée, 2e planche.

Deux très belles épreuves, la première *avec remarque, signée et numérotée* (l'une des vingt sur parchemin), l'autre sur chine volant, *avec la remarque en sanguine, signée.*

208 — Pierrot et Pierrette ou le Baiser.

Très belle épreuve, imprimée en bistre.

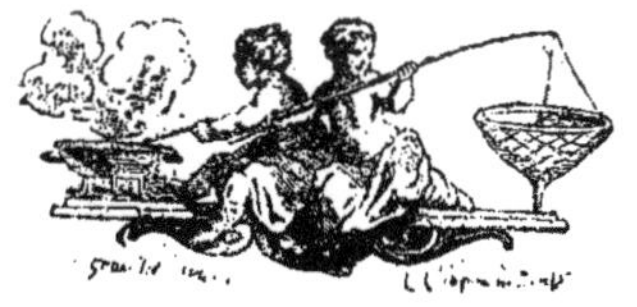

www.ingramcontent.com/pod-product-compliance
Ingram Content Group UK Ltd.
Pitfield, Milton Keynes, MK11 3LW, UK
UKHW021521260726
13993UKWH00004B/1806